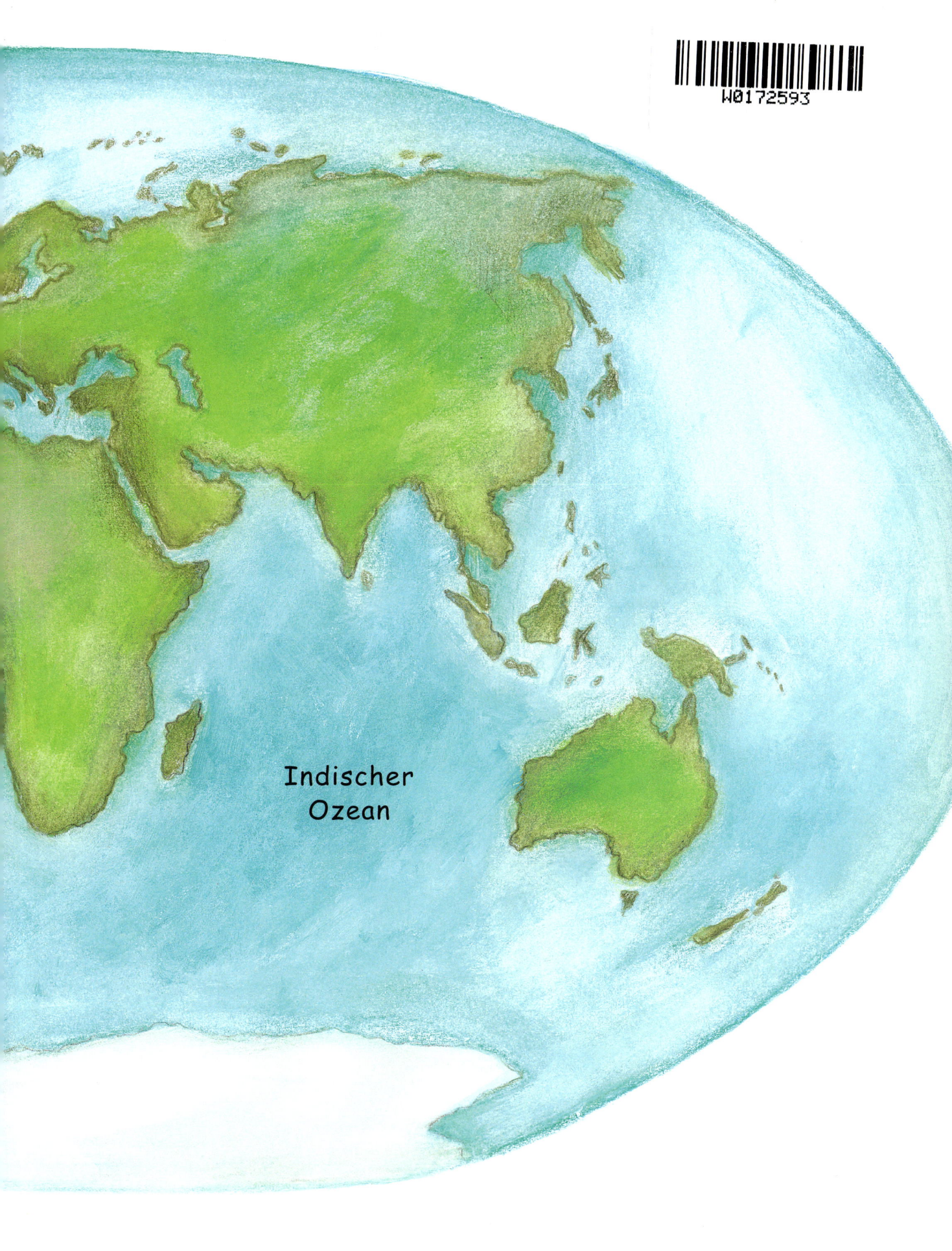

Indischer
Ozean

Marion Clausen ∗ Katharina Tebbenhoff

Möwe, Strand und Flaschenpost

Das Buch vom Meer

Mit Bildern von Miriam Cordes

Sauerländer

Marion Clausen

arbeitet freiberuflich als Redakteurin, u. a. für pädagogische Fach-
bücher, Übungshefte für Schulkinder und Kindersachbücher und
schreibt selbst Bücher für Kinder. Sie wohnt mit ihrer Familie in
Göttingen.

Katharina Tebbenhoff

ist Naturpädagogin und Künstlerin. Im Rahmen ihrer Kräuter-
werkstatt durchstreift sie die Natur, um Kindern, Jugendlichen
und Erwachsenen zu vermitteln, welche Schätze es (fast) überall
zu entdecken gibt. Sie lebt mit ihrer Familie am Stadtrand von
Frankfurt am Main.

Miriam Cordes,

geboren 1970, studierte Kinderbuchillustration an der Hamburger
Fachhochschule und hat mittlerweile zahlreiche Bilderbücher
und Jugendromane illustriert.

Von Marion Clausen und Katharina Tebbenhoff ist außerdem erschienen:
Apfelbaum und Weidentraum mit Bildern von Renate Seelig

Marion Clausen & Katharina Tebbenhoff (Text)
Miriam Cordes (Bilder)
Möwe, Strand und Flaschenpost: Das Buch vom Meer

Quellennachweis
S. 5: Anne Steinwart, „Das Meer" © Autorin; S. 40: Lotte Betke, „Gingung",
aus: Hans-Joachim Gelberg (Hrsg.), Überall und neben dir. © 1986 Beltz &
Gelberg in der Verlagsgruppe Beltz, Weinheim & Basel.

Bibliografische Information der Deutschen Nationalbibliothek
Die Deutsche Nationalbibliothek verzeichnet diese Publikation in der
Deutschen Nationalbibliografie; detaillierte bibliografische Daten
sind im Internet über http://dnb.d-nb.de abrufbar.

© 2009 Patmos Verlag GmbH & Co. KG
Sauerländer, Düsseldorf
Alle Rechte vorbehalten.
Umschlaggestaltung h.o.pinxit, Basel
unter Verwendung einer Illustration von Miriam Cordes
Printed in Poland
ISBN 978-3-7941-9144-4
www.sauerlaender.de

Inhalt

Endlich am Meer!

»Wer zuerst das Meer sieht, hat gewonnen!« Lisa und Anton rennen die Sanddüne hinauf. Sie hören schon das Meer rauschen und die Möwen kreischen. Ein frischer Wind weht ihnen die Haare aus dem Gesicht. Die Luft schmeckt ganz leicht nach Salz.
Fast gleichzeitig kommen sie oben an und da liegt es zu ihren Füßen: das Meer! Heute sieht das Meer blaugrün aus und auf den Wellen tanzen weiße Schaumkronen. Die schaukelnde Wasserfläche reicht so weit man sehen kann, bis zum Horizont.
Lisa und Anton lachen sich an. Dann laufen sie durch den Sand zum Wasser ...

An der Küste treffen sich Meer und Land. Eine Küste kann ganz unterschiedlich aussehen: Es gibt Steilküsten, an denen schroffe Felsen tief zum Meer abfallen. Hier ist der Zugang zum Wasser oft gar nicht möglich. Anderswo gibt es viele kleine Buchten, in denen Boote anlegen können. An der Boddenküste, die man zum Beispiel an der Ostsee findet, trennen schmale Landzungen dahinter liegende flache Wasserflächen fast vollständig vom Meer ab. Anderswo ragt ein Meeresarm, ein sogenannter Fjord, weit in das Land hinein.

Jede Küste verändert ständig ihre Form: durch Wind und Wellen, durch das Wetter, durch Ebbe und Flut. Starke Wellen können zum Beispiel an den Felsen nagen, bis Stücke davon ins Meer fallen.

Und was ist ein Strand? So nennt man einen Uferstreifen, der mit Sand oder Kies bedeckt ist. Hierher fahren viele Menschen, um ihre Ferien zu verbringen. Die Urlauber baden im Wasser, machen Bootsfahrten, liegen in der Sonne oder spielen im Sand. Am Meer ist es nie langweilig!

Das Meer
Sein blaues Auge
lachte mich an.
Ich lachte zurück.

Wir wurden Freunde
auf den ersten Blick.

Anne Steinwart

Meere und Ozeane

Alle Meere und Ozeane auf der Erde sind miteinander verbunden. Die Ozeane sind größer und tiefer als die Meere. Auf der Weltkarte vorn im Buch kannst du sehen, wo diese Ozeane und Meere liegen. Es gibt

★ den Atlantischen Ozean,
★ den Indischen Ozean und
★ den Pazifischen Ozean.

Der Pazifische Ozean ist so groß, dass er alle anderen Ozeane und Meere der Erde in sich aufnehmen könnte. An seinen tiefsten Stellen liegt der Meeresboden mehr als 10 Kilometer unter der Wasseroberfläche. Der Mount Everest – immerhin 8850 Meter hoch und der höchste Berg der Erde – würde unsichtbar im Wasser verschwinden. Früher glaubte man, der Meeresboden sei flach wie ein Teller, tatsächlich findet man dort auch Gebirge, tiefe Schluchten und Vulkane.

Zu den Meeren zählen unter anderen

★ das Nordpolarmeer,
★ das Südpolarmeer,
★ die Nordsee,
★ die Ostsee und
★ das Mittelmeer.

Die Nordsee ist meist nur 50 bis 90 Meter tief. Wichtige Handelswege führen hier entlang, weshalb sie zu den am dichtesten befahrenen Schifffahrtsregionen der Welt gehört. In der Nordsee werden von Bohrinseln aus Erdöl und Erdgas aus dem Meeresboden geholt. Die Gezeiten von Ebbe und Flut spürt man an der Nordsee deutlich. Bei Ebbe liegen weite Flächen des Meeresbodens als Watt frei.

Die Ostsee ist fast rundherum von Land umschlossen. Nur eine sogenannte Meerenge bei Dänemark verbindet sie mit der Nordsee und damit mit dem Atlantischen Ozean. In der Ostsee liegen viele Inseln. Eine davon ist die Insel Rügen, die für ihre Kreidefelsen berühmt ist. Ebbe und Flut spürt man hier nur sehr wenig. Die Ostsee ist ziemlich flach, nur selten tiefer als 50 Meter.

Auch das Mittelmeer ist fast vollständig von Land umgeben. Es liegt zwischen den Kontinenten Europa, Afrika und Asien. Hier herrscht ein ganz eigenes Klima, viele Pflanzen und Tiere leben nur hier. Ebbe und Flut sind kaum bemerkbar. Das Wasser ist ziemlich warm und recht salzhaltig. Das Mittelmeer ist an manchen Stellen bis zu 5 Kilometer tief.

Unser Blauer Planet

Wasser bedeckt zwei Drittel der Erde. Darum sieht sie vom Weltraum aus ganz blau aus und wird der Blaue Planet genannt. Das meiste Wasser steckt in den salzigen Meeren und Ozeanen, nur ein ganz kleiner Teil ist Süßwasser und fließt in den Seen und Flüssen der Erde. Wenn du das gesamte Weltwasser in eine 1-Liter-Flasche füllen könntest, würde der Anteil an Süßwasser gerade mal ein Schnapsglas füllen.

Wir Menschen brauchen die Meere: Dass auf der Erde Regen fällt und dadurch auf den Böden etwas wachsen kann, verdanken wir den Wasserflächen der Meere. Wenn die Sonne aufs Meer scheint, verdunstet das Wasser und steigt als winzige, unsichtbare Teilchen zum Himmel auf. In großer Höhe kühlen sich die Wasserteilchen ab und werden zu winzigen Wassertröpfchen. Diese bilden Wolken. Wenn die Wassertröpfchen in der Wolke zu groß und zu schwer werden, beginnt es zu regnen, und der Wasserkreislauf beginnt von vorn. Im Meer sind alle Lebewesen in einer Nahrungskette miteinander verknüpft. Die Grundlage bildet das Plankton. Das sind winzige Pflanzen und Tiere, die mit bloßem Auge nicht sichtbar sind. Plankton wird von den kleinen Lebewesen gefressen. Diese wiederum dienen größeren und stärkeren Meerestieren als Nahrung. Seit Jahrtausenden werden Fische und andere Meerestiere auch als Speise für Menschen gefangen.

Als die Menschen gelernt hatten, Schiffe zu bauen und auf ihnen die Meere zu überqueren, erreichten sie neue, weit entfernte Gebiete. Heutztage werden nicht nur Reisende, sondern auch große Warenmengen auf riesigen Containerschiffen über das Meer transportiert.

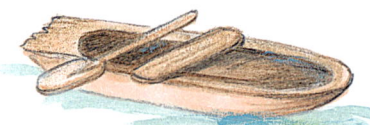

Ebbe und Flut – das Wasser kommt und geht

Anton steht enttäuscht am Strand. Das Meer ist weg! Dabei wollte er doch schwimmen gehen. Aber im Moment herrscht Ebbe. Lisa zeigt ihm eine Anzeigentafel bei der Touristeninformation. Hier stehen die Zeiten für das Hoch- und das Niedrigwasser. Heute Nachmittag kann Anton wieder baden. Aber wieso gibt es eigentlich Ebbe und Flut?

Mond und Erde ziehen sich gegenseitig an. Diese Kräfte sorgen dafür, dass der Mond auf seiner Umlaufbahn um die Erde bleibt. Die Anziehungskraft des Mondes kann den Wasserspiegel anheben. Das passiert auf der Seite, die dem Mond zugewandt ist.

Gleichzeitig dreht sich die Erde um sich selbst, so ähnlich wie ein Kreisel. Alles, was auf einem sich drehenden Kreisel ist, wird nach außen bewegt.

So entsteht auch auf der gegenüberliegenden Seite der Erde ein Flutberg. Da die Erde sich dreht, wandern die Wasserberge um die Erde herum. Etwa alle sechs Stunden wechseln Ebbe und Flut an den Küsten. Man nennt das auch den Gezeitenwechsel oder die Tiden. Dabei zieht sich das Wasser an einigen Meeresküsten sehr weit zurück, an anderen ist der Unterschied kaum zu merken. Das ist davon abhängig, wo und wie viel Landmassen dem Wasser im Weg sind, wie die Küstenlinie aussieht oder wie tief das Wasser ist. Manchmal entstehen aber auch große Wellen, die nichts mit den Gezeiten zu tun haben. Bei einer Sturmflut treibt der Sturmwind die Flut in Richtung Land. Wenn es am Meeresboden ein Erdbeben oder einen Vulkanausbruch gibt, entsteht an der Wasseroberfläche ein Tsunami: eine Kette von sehr großen Wellen, die die Küsten überfluten.

Wie kommt das Salz ins Meer?

Lisa ist untergetaucht und hat aus Versehen Meerwasser verschluckt. Auch in den Augen brennt es. Sie prustet, verzieht das Gesicht und spuckt. Jetzt hat sie keine Lust mehr, im Meer zu baden. Warum muss das Wasser auch so salzig sein?

Das Salz in den Meeren stammt aus den Gesteinen auf dem Festland. Wenn es dort regnet, sickert das Wasser tief in den Boden. Auf diesem Weg löst es langsam nach und nach einzelne salzige Stoffe aus den Gesteinsschichten aus. Das Regenwasser sammelt sich in Bächen und Flüssen und fließt schließlich ins Meer.

Ein Kilogramm Meerwasser enthält im Durchschnitt drei Esslöffel voll Salz! Wie salzig das schmeckt, kannst du mit einem Liter Leitungswasser und Küchensalz ausprobieren. Wenn du ein Kilo Meerwasser in ein flaches Gefäß füllst und in die Sonne stellst, wird das Wasser nach einigen Tagen verdunstet sein. Dann kannst du nachmessen, wie viele Salzkristalle übrig bleiben.

Zum Glück hat Anton Saft dabei. Damit kann Lisa den salzigen Geschmack aus dem Mund spülen. Außerdem gibt er ihr einen Tipp: Nach dem Bad im Meer mit Süßwasser duschen, sonst beginnt die Haut zu jucken!

Kein Meer ohne Wind

Nur selten erscheint das Meer ruhig und glatt. Fast immer wiegt sich seine Oberfläche im Rhythmus der Wellen. Das liegt am Wind. Wie groß eine Welle ist, hängt von der Geschwindigkeit und der Dauer des Windes sowie von der Größe der Fläche ab, über die der Wind weht. Je stärker und je länger der Wind weht, umso höher werden die Wellen. Seegang heißt diese unregelmäßige Bewegung der Wasseroberfläche.

Windstärke		Seegang
0	Windstille oder Flaute	spiegelglatte See
1–2	leiser Windzug: Wind im Gesicht spürbar	ruhige See, kleine Kräuselwellen
3–4	leichte Brise: Fahnen bewegen sich	Wellen mit weißen Schaumkronen treten auf
5–6	frische Brise: größere Zweige und Äste bewegen sich, Fahnen knattern	größere Wellen bis 2 m Höhe mit weißen Schaumflächen, das Meer rollt dumpf heran
7–8	steifer bis stürmischer Wind: Äste brechen ab, Autos geraten ins Schleudern	grobe See, Wellen werden bis 9 m hoch, Gischt fliegt umher
9–10	Sturm: Schäden an Gebäuden, Bäume entwurzeln	hohe See, Wellen von über 14 m Höhe, das Meer weiß durch Schaum, Sicht durch Gischt stark beeinträchtigt
11–12	orkanartiger Sturm: heftige Böen, schwere Schäden an Gebäuden und im Wald, Gehen ist unmöglich	schwere See, Luft ist mit Schaum und Gischt gefüllt, das Rollen der See wird zum Getöse

Windharmonika

Der Wind hat unendlich viele Lieder und singt jedes nur ein einziges Mal. Wenn du willst, tut er das auch für dich. Dafür brauchst du eine Mundharmonika, die du dir so wie Anton an das Ohr hältst, damit der Wind darüber streichen kann.

Tanzen auf den Wellen

Anton beobachtet einen kleinen roten Ball, der auf den Wellen tanzt. Ungeduldig läuft er hin und her. »Verflixt!«, ruft er. »Wieso kommt der Ball nicht endlich am Ufer an? Die Wellen müssten ihn doch längst hierher gespült haben?«

»Da kannst du lange warten!«, sagt Lisa. »Heute ist zu wenig Wind. Da kommt der Ball kaum voran.«

Das kann Anton nicht glauben: »Und wie kommen die vielen Dinge an den Strand, die wir hier jeden Tag finden? Die werden doch von den Wellen hergetrieben.«

»Nein«, erklärt Lisa. »Das macht der Wind.«

Lisa hat recht! Eine Welle bewegt das Wasser unter sich wie einen Kreis. Die Wasserteilchen kommen immer wieder an der gleichen Stelle an, nur die Welle selbst pflanzt sich an der Meeresoberfläche fort.

Da, wo der Kreis unterbrochen wird, weil der Boden nicht mehr tief genug ist, kippt die Welle nach vorne über. Schiffe und Bälle oder eine Flaschenpost werden von Wellen hoch und runter geschaukelt, aber erst durch den Wind bewegen sie sich nach vorn.

Viel Glück mit der Flaschenpost!

Eine Flaschenpost ist nicht nur ein Urlaubsspaß. Früher haben die Menschen tatsächlich wichtige Nachrichten mit einer Flaschenpost übermittelt, wenn es keine andere Möglichkeit gab. Polarforscher in der Arktis haben dies ebenso getan wie Auswanderer, die auf den langen Schiffsüberfahrten nach Amerika Briefe an die Daheimgebliebenen als Flaschenpost ins Meer geworfen haben. Sie haben sogar Geld für das Porto dazugelegt, damit der Finder der Nachricht diese als Brief weiterleitete.

Die Flaschenpost wurde auch benutzt, um Meeresströmungen zu erforschen. Dazu steckte man Zettel in die Flaschen, auf denen stand, wann und wo die Flaschenpost auf die Reise geschickt wurde. Außerdem bat man den Finder in verschiedenen Sprachen, diesen Zettel mit Fundort und Fundzeit an das zuständige Forschungsinstitut seines Landes zu schicken. Die Ergebnisse wurden in sogenannten »Flaschenkarten« eingetragen, aus denen man ersehen konnte, auf welcher Route und mit welcher Geschwindigkeit die Strömungen vorankommen. Heute übernehmen »Treibkörper« diese Aufgabe. Sie senden Schallwellen aus und können darum jederzeit vom Satelliten aus geortet werden.

Lisa und Anton haben ihre Nachricht schon in eine Flasche gesteckt und laufen bei einsetzender Ebbe auf die Seebrücke. Nun kann das ablaufende Wasser die Flasche mit hinaus aufs Meer ziehen. Ob sie wohl eine Antwort bekommen?

Flaschenpost

Willst du auch mal eine Flaschenpost verschicken? Schreibe eine nette Botschaft für den Finder auf und gib deine Anschrift an. Dann schiebst du den aufgerollten Zettel in eine Plastikflasche mit Drehverschluss. Damit kein Wasser eindringt, umklebst du den Verschluss mehrmals mit wasserfestem Klebeband. Mit wasserfester Farbe kannst du ein Muster aufmalen oder einen kleinen aufgeblasenen Luftballon anbinden. So sieht der Finder gleich, dass da nicht einfach eine alte Flasche im Wasser treibt.
Viel Glück!

Auf Entdeckungstour am Strand – Schätze finden

Jeder Spaziergang am Strand kann zu einer Schatzsuche werden. Immer wieder aufs Neue spült die Flut alle möglichen Dinge an Land. Zu finden gibt es viel, z. B. Federn von Möwen, Muscheln in verschiedenen Größen, Farben und Formen, Krebspanzer oder -scheren, interessant aussehende Holzstücke mit Seepocken, Seetang, aber auch Plastikteile, Tauenden, Korkstücke, Eisenteile und noch viel mehr. Was dort am Strand herumliegt, nennt man Strandgut.

Manchmal verlieren die Schiffe auf dem Meer Teile ihrer Ladung. So ist es vorgekommen, dass bei einem Frachter, der vor England in schwere See geriet (so nennt man es, wenn starker Sturm die Wellen hoch treibt), ein Container mit Sportschuhen über Bord ging. Tausende von Turnschuhen wurden an Land gespült, und die Leute an der Küste konnten sich auf die Suche nach passenden Paaren machen.

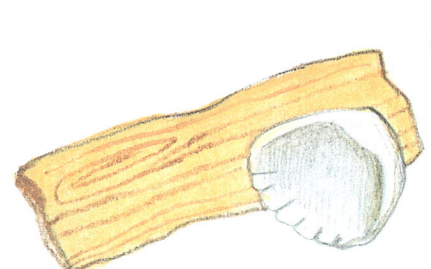

Mit etwas Glück findest du an der Ostsee, vor allem wenn es vorher kräftig gestürmt hat, ein Stückchen Bernstein. Bernstein ist gar kein Stein, sondern ein Brocken aus dem Harz von Bäumen, die vor 260 Millionen Jahren gewachsen sind. Im Laufe der Zeit wurde der zähflüssige Harz hart. Dass es sich bei Bernstein nicht wirklich um Steine handelt, merkst du auch am Gewicht: Bernstein ist viel leichter. Sehr selten sind Pflanzenstückchen oder Insekten in dem Harz eingeschlossen.

Bernstein

Weißt du, was ein Hühnergott ist? Am Ostseestrand liegen viele schwarz-weiße Feuersteine. Die weißen Teile sind Kalkeinlagerungen, die bei manchen Steinen im Lauf von vielen Jahren vom Meerwasser ausgewaschen werden. Auf diese Weise entsteht ein Loch. So ein Stein wird als »Hühnergott« bezeichnet und soll Glück bringen. Früher haben die Leute diese Steine im Hühnerstall aufgehängt. Sie sollten die Hühner vor dem Fuchs und vor bösen Geistern schützen und sie dazu bringen, viele Eier zu legen.

Dieses längliche, weiße und ganz leichte Teil ist der Rückenpanzer eines Tintenfischs, der Sepiaschulp. Wenn du zu Hause einen Kanarienvogel hast, bring ihm einen Schulp mit, er wird mit Freude seinen Schnabel daran wetzen.

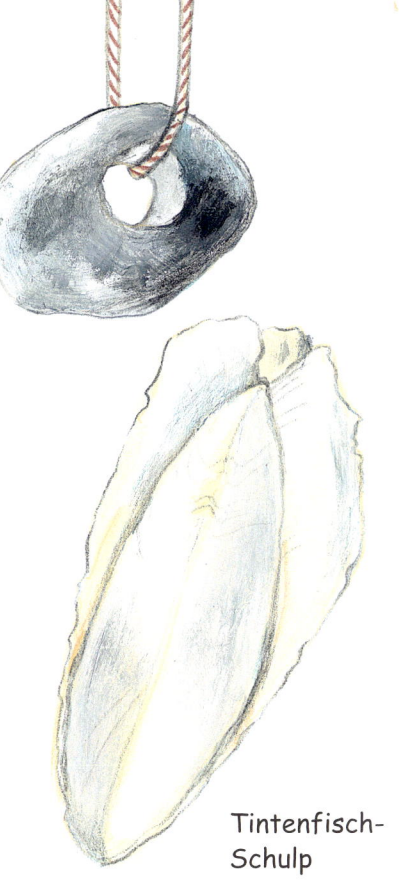

Tintenfisch-
Schulp

Strandsouvenir
Nimm eine Tüte Sand, eine Handvoll Muscheln und andere schöne Fundstücke mit. Zu Hause kannst du dir damit zur Erinnerung deinen eigenen Strand bauen.

Du brauchst:
- ✸ eine Sperrholzplatte oder eine große feste Pappe
- ✸ Tapetenkleister
- ✸ Holzleim
- ✸ deine Strandschätze

1. Rühre den Kleister mit etwas weniger Wasser an, als auf der Packung angegeben ist.
2. Mische dann den Holzleim unter (auf 1 Liter Kleister etwa 2 Teelöffel Leim). Nun nach und nach den Sand in den Kleister arbeiten, bis sich die Masse so anfühlt, wie sie zum Sandburgenbauen gebraucht wird.
3. Streiche die Platte mit verdünntem Holzleim ein, damit der Sandkleister gut auf dem Untergrund hält.
4. Verteile den Sandkleister auf der Platte, wie es dir gefällt: glatt oder mit Wellenmuster.
5. Drücke die Muscheln und das Strandgut in den Sandkleister.
6. Lass dein Strand-Bild gut trocknen, bevor du es aufhängst.

Muscheln und Schnecken – sie wohnen in schönen Häusern

Von den Muscheln kennen wir meistens nur die Schalen, denn sie sind an fast jedem Strand massenhaft zu finden. Da gibt es runde, längliche, bunte, weiße, glatte und geriffelte … Eine große, schöne Vielfalt!

Trotz der harten Schale gehören alle Muscheln und auch die Schnecken zur Familie der Weichtiere, auch Mollusken genannt.
Es gibt zwar mehr als 10 000 verschiedene Muschelarten, doch ihr Inneres ist bei allen ähnlich aufgebaut:
Alle Muscheln haben zwei Schalen aus Kalk. Sie schützen die inneren Organe wie das Herz, den Verdauungsapparat sowie die Geschlechtsorgane. Kräftige Muskeln halten die beiden Schalen zusammen.

Miesmuscheln sind sehr häufig zu finden und an ihrer länglichen Form und ihrer bläulich-schwarzen Farbe leicht zu erkennen. Selbstverständlich heißt die Miesmuschel nicht so, weil sie ein Übeltäter mit schlechten Angewohnheiten ist. Ihr Name kommt aus einer alten Sprache, in der »mies« das Wort für Moos war. Von Weitem sehen die Miesmuscheln, wenn sie zu Tausenden auf Steinen oder Pfählen festsitzen, ein bisschen wie ein Moospolster aus.

So sieht eine Muschel von innen aus:

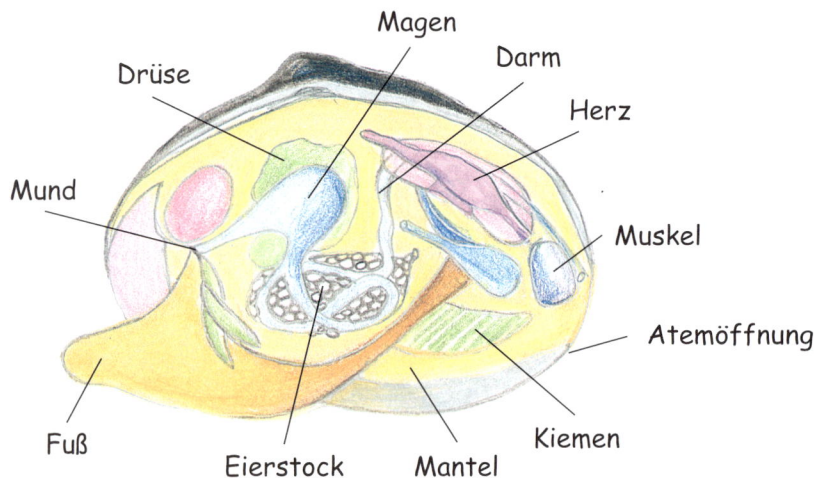

Magen
Drüse
Darm
Herz
Mund
Muskel
Atemöffnung
Fuß
Eierstock
Mantel
Kiemen

Die vielen Miesmuscheln wirken wie eine riesige Kläranlage. Jede einzelne saugt im Laufe eines Tages bis zu 15 Liter Wasser durch ihre Kiemen auf, filtert es und stößt es wieder aus. Alle Miesmuscheln zusammengenommen filtern einmal im Monat das gesamte Wasser des Nordseewatts.

Es ist nicht einfach zu erkennen, ob wir eine Muschel oder eine Schnecke gefunden haben. Doch bei genauem Hinsehen kannst du den Unterschied leicht erkennen.
Anders als die Muscheln mit ihren zwei Schalen haben alle Schnecken ein Gehäuse, das sich um eine Spindel in der Mitte gebildet hat.

Die Wellhornschnecke lebt auf dem Meeresgrund in fünf bis zwanzig Meter Tiefe. Am Strand liegen nur die leeren Gehäuse. Sie sind bis 10 cm groß und haben Rillen, Dellen und Wellen, daher auch ihr Name. Aber man findet von dieser Meeresschnecke noch etwas anderes, nämlich eigenartige gelblich-braune Teile, die aus vielen erbsengroßen Rundungen zusammengesetzt sind. Das sind die Eiballen, in denen die Kinder der Wellhornschnecke herangewachsen sind. Wenn du so ein Gebilde findest, sind die kleinen Wellhornschnecken natürlich längst geschlüpft.

Napfschnecken leben im Atlantik, im Mittelmeer und auch in der Nord- und Ostsee. Sie sehen aus wie kleine Hütchen und ihre Unterseite hat einen schön schillernden Glanz.

Auch das Meerohr gehört zu den Schnecken. Meerohren leben fast überall auf der Welt, und nun werden sie auch bei uns gezüchtet. Die Innenseite seines Gehäuses schillert sehr hübsch.

Wellhornschnecke

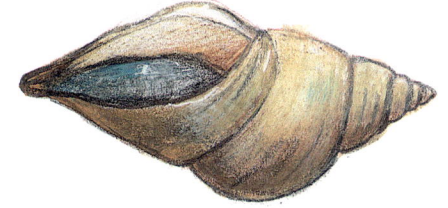

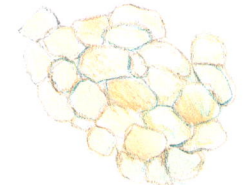

Eiballen

Napfschnecke

Meerohr

Krebse, Krabben und Garnelen

»Schau mal, wie schnell das Tier da seitwärts krabbelt! Das sieht ja witzig aus!«, sagt Anton und zeigt auf ein kleines Tier am Strand. Er probiert sofort aus, ob er das auch kann.

Zu den Krebstieren gehören mehr als 30 000 verschiedene Arten, von den Wasserflöhen bis zum Hummer. Die meisten von ihnen leben im Wasser.

Strandkrabbe

Die Strandkrabbe ist eine ziemlich verbreitete Art. Sie besitzt fünf Beinpaare, von denen das vordere zu einem Paar kräftiger, unterschiedlich großer Scheren umgebildet ist. Mit der größeren kann sie harte Gegenstände aufbrechen, mit der anderen weichere Dinge durchschneiden. Ihre Beine sind so am Körper angebracht, dass sie sich seitwärts fortbewegt. Schwimmen kann sie nicht! Ein starker Rückenpanzer schützt das empfindliche Innere des Körpers.

Beim Taschenkrebs kann der Panzer im Laufe seines Lebens bis zu 30 cm groß werden. Da der Panzer nicht mitwachsen kann, wird er abgeworfen, wenn er zu eng geworden ist. Das passiert mehrere Male im Leben eines Krebses. Die verlassenen Panzer findest du manchmal am Strand. Das Fleisch der Scheren, die »Knieper« genannt werden, ist sehr lecker. Eine Delikatesse, die besonders auf der Insel Helgoland sehr gern gegessen wird.

Taschenkrebs

Einsiedlerkrebs

Wenn dir am Strand ein Schneckenhaus auf Beinen entgegen läuft, dann ist das ein Einsiedlerkrebs in seiner »Mietwohnung«. Anders als bei allen anderen Krebsen wächst ihm kein schützender Panzer. Deshalb kriecht er in verlassene Schneckenhäuser und bleibt so lange darin, bis es ihm zu eng wird. Ein Einsiedlerkrebs wechselt mehrmals in seinem Leben sein Schneckenhaus.

Taschenkrebs-Tasche

Aus dem leeren Panzer eines Taschenkrebses kannst du leicht ein Minitäschchen machen.

Du brauchst:
- ⭐ einen Krebspanzer
- ⭐ ein Stück Leder oder Stoff
- ⭐ Papier, Stift, Schere, Kleber

1. Um den Stoff richtig zuschneiden zu können, legst du ein Stück Papier in die Lücke auf der Innenseite des Panzers. Markiere die Größe der Öffnung vorsichtig mit einem Stift.

2. Den Zuschnitt musst du an den Seiten und unten größer machen, damit du den Stoff gut von innen in den Panzer kleben kannst.

3. Nun klebst du nur noch den Bügel innen am Stoff an.

Was auf dem Krabbenbrötchen so gut schmeckt, sind gar keine Krabben, sondern Garnelen. Sie gehören zu den schwimmfähigen Krebstieren und haben zwei lange Antennenpaare auf dem Kopf, mit denen sie Gerüche im Wasser aufnehmen.

Nordseegarnele

Auf den ersten Blick sind die Seepocken nicht als Tiere zu erkennen. Doch auch sie gehören zu den Krebsen. Sie bestehen aus einem Körbchen aus Kalk, das sie am liebsten an Miesmuscheln, aber auch an Taschenkrebsen oder auf Steinen befestigen. Um an ihre Nahrung zu kommen, gehen sie raffiniert vor. Mit Fangfüßen, an denen ganz feine Härchen sitzen, angeln sie winzige Tiere und Schwebeteile und befördern sie ins Innere des Körbchens. Bei Ebbe wird der Korb fest verschlossen und ist so vor dem Austrocknen geschützt.

Seepocke

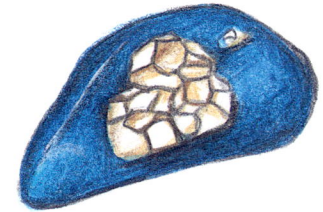

Quallen – Wackelpudding am Strand, elegante Schwimmer im Wasser

Die wabbeligen Haufen, die manchmal in Massen am Strand liegen, sehen auf den ersten Blick schon ziemlich eklig aus. Doch es lohnt sich, diese Tiere genauer kennenzulernen.

Der Quallenkörper ist sehr einfach aufgebaut. Er besteht aus einem glockenartigen Schirm, in dem die inneren Organe untergebracht sind, und einem Schlauch an der Unterseite, durch den sich die Qualle ihre erbeutete Nahrung einverleibt. Am Rand des Schirms wachsen die Tentakeln oder Fangfäden.

Es gibt rund 300 Quallenarten, alle gehören zu den Nesseltieren. Sie haben nämlich Fangfäden, an deren Ende sich winzig kleine, mit einem Nesselgift gefüllt Blasen befinden. Bei Berührung betäuben sie damit ihre Opfer, hauptsächlich kleinere Fische.

Für Menschen sind nur einige Arten gefährlich, wie z. B. die Seewespe, die in den Gewässern vor Australien vorkommt. Doch auch in den europäischen Meeren gibt es Quallen, vor denen wir uns in Acht nehmen müssen. Feuerquallen leben in Nord- und Ostsee sowie im Mittelmeer, hier vor allem vor den spanischen Küsten.

Falls du mit einer Feuerqualle in hautnahe Berührung gekommen bist, helfen dir folgende Tipps:

Erste Hilfe bei schmerzhaftem Quallenkontakt:

⭐ Bleibe ruhig, durch hektische Bewegungen kann sich das Gift auf weitere Stellen verteilen.

⭐ Nicht mit der Hand über die brennenden Stellen reiben.

⭐ Die betroffenen Körperteile mit Apfelessig übergießen und einwirken lassen (falls nicht vorhanden, trockenen Sand oder Backpulver nehmen).

⭐ Kein Süßwasser und keinen Alkohol benutzen.

⭐ Nach einer halben Stunde die Tentakeln oder den Schleim mit einer Scheckkarte oder Ähnlichem vorsichtig abschaben.

⭐ Eisbeutel oder Kühlgel auflegen.

Quallen bestehen zu 98 Prozent aus Wasser. Sie sind sehr elegante Schwimmer und scheinen im Wasser zu schweben. Sie bewegen sich fort, indem sie ihren Schirmkörper mit Schwung zusammenziehen. Meist lassen sie sich aber von der Strömung des Meeres treiben. Im Web kannst du dir das unter www.fotosearch.de anschauen.

Stell dir vor, du bist zum Essen eingeladen, und es wird Quallensalat serviert! Dein Appetit würde sich wahrscheinlich in Grenzen halten, möglicherweise zu Unrecht. In China und Japan gehören Quallen selbstverständlich mit auf den Speiseplan. In jedem Jahr werden dort mehr als 7000 Tonnen Quallen gegessen. Es wird berichtet, dass so ein Quallensalat kein bisschen glitschig-quabbelig, sondern eher knackig ist und auch nicht fischig schmeckt. In einer würzigen Marinade in feine Streifen geschnitten soll er recht lecker sein.

Fingertang

Algen – Pflanzen vom Meeresgrund

Die Pflanzen des Meeres sind viel widerstandsfähiger als ihre Verwandten, die auf der Erde wachsen. Sie sind ständig dem Salzwasser ausgesetzt und müssen auch noch die Strömungen und die Wellenbewegungen des Meeres aushalten. Das schaffen sie, indem sie sich am Boden festklammern.

Anders als die Pflanzen an Land nehmen die Wasserpflanzen ihre Nahrung nicht durch die Wurzeln auf, sondern direkt aus dem Wasser. Die meisten Meerespflanzen gehören zu den Algen. Es gibt Braun-, Rot- und Grünalgen, die oft wunderbare Formen haben. Du kannst sie betrachten, wenn sie an den Strand gespült werden.

Der Fingertang erinnert an nasse Lederstreifen. Er fühlt sich auch so an: etwas glitschig und fest.

Teile des Blasentangs haben Stellen, die wie aufgepustet aussehen. Beim Draufdrücken platzen sie mit einem Knall. Die gasgefüllten Blasen sorgen dafür, dass diese Braunalge im Wasser aufrecht steht.

Wie grüne Wolle sieht der Meersalat aus, der an manchen Tagen massenhaft am Strand liegt. Er gehört zu den Grünalgen und ist sehr nährstoffreich. Man kann ihn tatsächlich wie Salat essen.

Blasentang

Meersalat

In Asien werden Algen häufig in Speisen verwendet. Die Japaner umwickeln ihre berühmten Sushi mit Algen. Auch wenn du diese vielleicht noch nicht probiert hast, hast du bestimmt schon mal Algen gegessen, denn sie werden als Verdickungsmittel verarbeitet, vor allem bei Süßigkeiten und im Speiseeis. Auch bei der Herstellung von Medikamenten werden Algen gebraucht. Und es ist noch lange nicht erforscht, wo Algen sonst noch eingesetzt werden können.

Seegras

Das Seegras gedeiht auf sandigem, mit Schlamm bedecktem Grund in Küstennähe so gut, dass es große Wiesen bildet. Vom Ufer aus kannst du sehen, wie Tausende von Blättern vom Wasser hin und her bewegt werden.

Eine Seegraswiese ist so etwas wie eine Unterwasserstadt mit vielen verschiedenen Bewohnern. Am Boden leben gut geschützt kleine Krebse, Würmer und Muscheln. Auch Seesterne und Seeigel haben hier ihren Lebensraum. Zwischen den Blättern finden Fische sichere Plätze für ihre Eigelege. Die jungen Fische können sich im dichten Seegras gut vor ihren Feinden verstecken. Im Herbst wirft das Seegras seine Blätter ab. Große Mengen Seegras liegen dann am Ufer. Damit können Matratzen gefüllt werden, die wunderbar nach Meer riechen. Schöne Träume sind da wohl garantiert!

Auf dem Meeresboden spazieren – das Watt

Wattenmeer – das bedeutet: ein »watend begehbares Meer«. Bei Ebbe kann man hier auf dem Meeresboden, dem Watt, herumlaufen. Lisa und Anton wollen sich diese Gelegenheit nicht entgehen lassen und kommen rechtzeitig zum Treffpunkt. Wattführer Onno erwartet sie schon.

Auf einer Wattwanderung musst du unbedingt diese Sicherheitshinweise beachten:

⭐ Das Watt nur während der Ebbe und nur mit einem ortskundigen Führer betreten. Die Flut läuft so schnell wie ein galoppierendes Pferd wieder auf und Priele (das sind tiefere Wasserrinnen im Watt) können dann den Rückweg zum Ufer abschneiden.

⭐ Wegen der intensiven Sonneneinstrahlung reichlich Sonnencreme benutzen und Kopf und Oberkörper bedecken.

⭐ Scharfkantige Muschelstücke oder ein rostiger Dosendeckel können die Füße aufschneiden. Unbedingt in Gummistiefeln, alten Turnschuhen oder Sandalen laufen.

⭐ Bei Gewitter das Watt nie betreten. Hier kann sehr leicht ein Blitz einschlagen.

Onno erklärt: »Obwohl man sie auf den ersten Blick gar nicht sieht, leben hier im Watt ganz besondere Tiere. Viele graben sich zum Schutz in den Boden ein, aber sie verraten oft selbst, wo sie stecken.« Jetzt sind die Kinder sehr gespannt.

Onno zeigt auf ein Gebilde, das aussieht wie ein Spagettihaufen. »Das sind die Kothaufen eines Wattwurms. Er lebt im Boden in tiefen Röhren. Der Wattwurm frisst Sand und filtert daraus seine Nahrung. Ab und zu kommt der Wattwurm an den Eingang seiner Röhre und stößt den verspeisten Sand aus. Das sind die ›Spagettihaufen‹, die wir hier sehen. Dies ist ein gefährlicher Moment für ihn, denn die Wattvögel achten auf diese Haufen und stochern mit ihrem langen Schnabel gleich in die Röhre, um den Wattwurm zu fassen.«

Viele Vögel kommen auf die Wattflächen, um nach Nahrung zu suchen. Sie hinterlassen hier ihre Fußspuren. Lisa und Anton erkennen an den Spuren, welcher Vogel Schwimmhäute hatte und welcher nicht.

Möwen und Enten haben einen Trick, um an Nahrung aus dem Boden zu kommen. Sie treten so lange auf einer Stelle, bis richtige Trampelkuhlen entstehen. Dadurch werden kleine Tierchen aus dem Boden herausgespült.

Wattwurm

Spur des Austernfischers
(ohne Schwimmhäute)

Spur einer Möwe
(mit Schwimmhäuten)

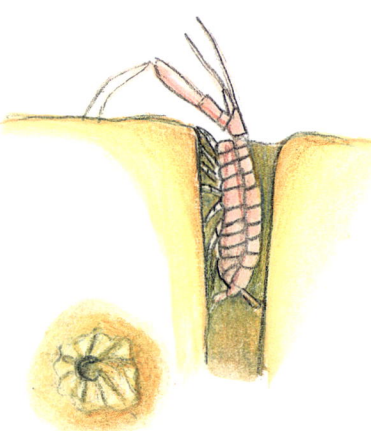

Schlickkrebs

Auch die Schlickkrebse hinterlassen typische Spuren auf dem Wattboden: Sie graben sich ein, bis nur noch ihre Augen herausschauen. Dann kratzen sie mit ihren Antennen einmal rundherum nach kleinsten Algen und anderen Teilchen, die sie fressen. Auf dem Boden bleiben sternförmige Muster zurück.

Strandschnecke

Den Weg einer Strandschnecke erkennt man an der breiten Schleifspur. Die Strandschnecke ist gut für ein Leben mit den Gezeiten ausgerüstet. Trockenzeiten übersteht sie ohne auszutrocknen, weil sie ihr Gehäuse mit einem Deckel verschließen kann. Sie hat ihn stets auf dem hinteren Ende ihres Fußes mit dabei.

Jetzt hat Onno mit einer Forke vorsichtig ein Stückchen Wattboden umgedreht. Hier sitzen einige Herzmuscheln dicht unter der Oberfläche. Sie filtern wie alle Muscheln Plankton aus dem Wasser. Eine 3 Zentimeter große Herzmuschel schafft pro Stunde immerhin 2,5 Liter Wasser! Mit ihrem Grabfuß haben sich die freigelegten Muscheln im Nu wieder eingebuddelt. Lisa und Anton können nur staunen.

Herzmuschel

Die Schwertmuschel kommt aus Amerika. 1976 gelangten Larven dieser Art mit einem Schiff von dort in die Nordsee und konnten sich hier ansiedeln. Schwertmuscheln sitzen knapp unter der Bodenoberfläche. Bei Gefahr ziehen sie sich mit ihrem langen Grabfuß blitzschnell in tiefere Bodenschichten zurück. Mit dem Fuß können sie unter Wasser sogar springen!

Am Ende der Wanderung können Lisa und Anton nicht widerstehen: Sie reiben sich von Kopf bis Fuß mit dem weichen Schlick ein und verwandeln sich in seltsame Wattwesen!

Schwertmuschel

Vögel am Meer

Vögel, die am Küstenstreifen und auf hoher See leben, brauchen eine besondere Ausstattung. Damit sie auch im kalten Meer warm bleiben, haben Seevögel eine dicke Fettschicht unter der Haut. Das ölige Gefieder sorgt für einen trockenen Körper, weil es das Wasser abweist. Außerdem können Seevögel das salzige Meerwasser trinken, weil sie am Schnabel eine Drüse besitzen, mit der sie das Salz aus dem Körper ausscheiden können.

Die meisten tauchen oder schwimmen, wenn sie auf Nahrungssuche sind. Etliche Seevögel wie die Möwen haben darum Schwimmhäute zwischen den Zehen.

Möwen leben an fast allen Meeren der Erde. Die Lachmöwe hat einen weißen Schwanz, schwarze Flügelspitzen und nur im Sommer einen dunkelbraunen Kopf. Ihr Schnabel und ihre Beine sind dunkelrot. Sie heißt so, weil ihr Ruf wie ein Lachen klingt.

Lachmöwe

Silbermöwe

Deutlich größer ist die Silbermöwe. Sie ist leicht an dem roten Fleck auf dem gelben Schnabel zu erkennen.

Möwen legen ihre Eier in kleine Bodenmulden. Um sich bei der Brut gegenseitig zu schützen, bilden sie große Gemeinschaften (Kolonien). Die Eier werden abwechselnd von beiden Eltern drei bis fünf Wochen lang bebrütet. Als sogenannte »Nesthocker« bleiben die Jungen auch nach dem Schlüpfen noch lange Zeit im Nest sitzen. Sie lassen sich von den Eltern füttern, bis sie selbst das Fliegen gelernt haben.

Kormorane sind große Schwimmvögel. Das kann man an ihrem kräftigen Hakenschnabel, dem langen Hals und ihren Schwimmfüßen erkennen. Ihr schwarzes Gefieder glänzt grünlich. Jeden Tag fressen sie bis zu fünfhundert Gramm Fisch. Unter Wasser verfolgen sie ihre Beute, indem sie mit ihren Füßen kräftig vorwärtspaddeln. Weil sie keine Fettdrüse haben, werden sie beim Tauchen nass und müssen ihre ausgebreiteten Flügel in der Sonne trocknen lassen.

Kormoran

Den Austernfischer kann man kaum übersehen. Er ist ziemlich groß und trägt auffällige Farben. Besonders an der Nordsee sieht man ihn sehr häufig. Mit seinem langen, orangeroten Schnabel stochert er im Schlick nach Würmern, Muscheln und Krebsen. Wenn eine Muschel zu groß ist, um im Ganzen hinuntergeschluckt zu werden, hämmert der Vogel sie mit dem Schnabel auf oder lässt sie aus großer Höhe auf einen harten Untergrund fallen, damit die Schale zerbricht. Es macht Spaß, Austernfischer zu beobachten. Sie sind nicht scheu.

Austernfischer

Eiderenten-Männchen

Eiderenten schwimmen häufig in langen Reihen vor der Küste umher. Sie können prima schwimmen und bis zu sechs Meter tief tauchen. Das Männchen hat ein schwarzweißes Prachtkleid, das Weibchen sieht unscheinbar aus. Dafür hat sie wunderbar weiche Daunenfedern in ihrem Brustgefieder, mit denen sie die Nestmulde für die Jungen ausstopft.

Eiderenten-Weibchen

Auf der Insel Helgoland, weit draußen in der Nordsee, leben die Trottellummen in großen Kolonien auf den berühmten Lummenfelsen. Wenn man näher kommt, hört man ein lautstarkes Gezeter. Zwischen Mai und Juli legen die Trottellummen hier ihre Eier auf einen nackten Felsvorsprung. Damit die Eier nicht so leicht hinunterfallen, haben sie eine birnenähnliche Form. So drehen sie sich auf der Stelle, wenn sie angestoßen werden.

Jedes Trottellummen-Ei ist in Farbe und Muster einzigartig. Auf diese Weise erkennen die Eltern ihr Nest wieder. Beide Eltern bebrüten das Ei abwechselnd etwa vier Wochen lang. Im Alter von drei Wochen stürzen sich die Jungtiere von den Klippen, obwohl sie noch gar nicht fliegen können. Manche prallen unten auf einen harten Untergrund auf. Doch eine weiche Fettschicht, die sie sich in den letzten Wochen angefressen haben, schützt sie vor üblen Verletzungen.

Trottellumme

Zwischenstopp für Langstreckenflieger

Der amselgroße Knuttstrandläufer ist ein geselliger Vogel und stets in großen Schwärmen auf Nahrungssuche. Bei Ebbe stochert er mit seinem langen Schnabel nach Schnecken und Muscheln im Nordseewatt und frisst sich einen Fettvorrat an. Den braucht er auch, denn der Knutt ist ein Zugvogel, der im Frühjahr und Herbst im Wattenmeer Rast macht, bevor seine Reise weitergeht.

Knutt

Auch andere Zugvögel legen im Wattenmeer eine Pause ein. Welch riesige Strecken sie dabei zurücklegen, kannst du auf dieser Karte sehen. Die Küstenseeschwalbe fliegt von allen am weitesten nach Süden: etwa 12 000 Kilometer bis zum Kap der Guten Hoffnung, ganz im Süden von Afrika. Sie ist ein eleganter Flieger mit einem gegabelten Schwanz. Ihre langen, spitzen Flügel sind bestens für weite Flugstrecken geeignet.

Küstenseeschwalbe

Diese Wege legen die Zugvögel zurück

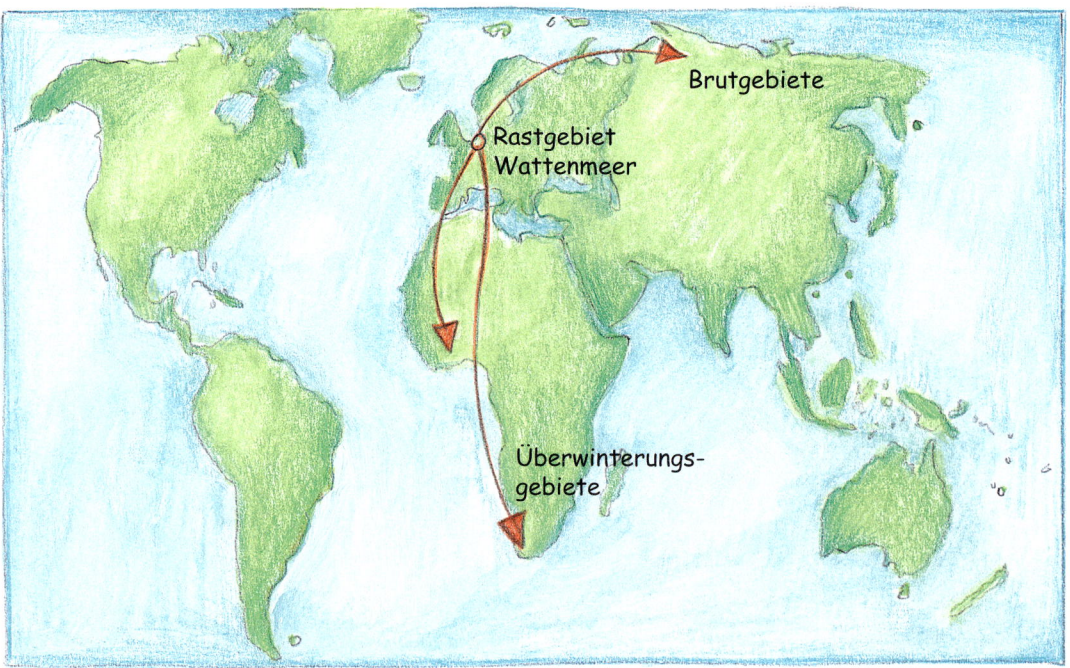

Brutgebiete

Rastgebiet Wattenmeer

Überwinterungsgebiete

Auch an der Ostsee kann man während der Zeit des Vogelzugs im Frühjahr und Herbst Spannendes beobachten. Viele Menschen reisen hierher, wenn Zehntausende von Kranichen oder Wildgänsen kommen. In den flachen Küstengewässern können sie sich von dem anstrengenden Flug ausruhen und finden genügend Nahrung.

Kraniche und Gänse fliegen in einer großen V-Form. Ein Vogel fliegt voran und wird regelmäßig abgelöst. Es ist ein besonderes Erlebnis, sie fliegen zu sehen und ihre eigenartig trompetenden Rufe zu hören.

Am besten kann man die Vögel von extra eingerichteten Aussichtspunkten aus beobachten. Hier zeigen Führer den Besuchern die Schlaf- und Fressplätze der Vögel, und die Tiere bleiben ungestört.

Kranich

Aufs Meer hinaus mit dem Ausflugsschiff

Um 10.00 Uhr soll das Ausflugsschiff, die M.S. Seemaus, auslaufen. Anton und Lisa warten gespannt auf die Fahrt hinaus aufs offene Meer. Ausgerüstet mit Fernglas und Kamera gehen sie an Bord und suchen sich einen Platz auf dem Oberdeck. Hier haben sie einen guten Überblick. Endlich legt das Schiff ab. Als sie die Hafenmole verlassen haben, bläst ein kräftiger Wind, eine steife Brise, wie die Seeleute sagen. Die hohen Wellen bringen das Schiff ordentlich zum Schaukeln. Anton und Lisa schließen eine Wette darüber ab, wem wohl zuerst schlecht wird. Zum Glück gewöhnen sie sich bald an den hohen Seegang.

Nach einer Weile fahren sie an dem berühmten Leuchtturm Roter Sand vorbei. Er steht schon seit 1885 groß und trutzig mitten im Meer in der Brandung. In den vielen Jahren hat er den Seeleuten gezeigt, wo sie ihr Schiff an einem gefährlichen Riff vorbeilenken und sicher nach Bremen und Bremerhaven gelangen konnten. Drei Leuchtturmwärter haben sich die harte Arbeit geteilt. Die tosende See ließ den stählernen Turm auch mal so erzittern, dass die Besatzung um ihr Leben fürchtete. Besonders ungemütlich war der Dienst im Winter, denn es gab keine Heizung auf dem Turm.

Heute ist dieser Leuchtturm nur noch ein Denkmal, andere sind immer noch als Leuchtfeuer in Betrieb. Allerdings brauchen sie keinen Leuchtturmwärter mehr, der auf das Licht aufpasst. Das wird inzwischen elektronisch vom Festland aus geregelt.

Nun kommt die Seehundinsel in Sicht. Die Kinder schauen abwechselnd durch das Fernglas. Viele Seehunde, große und kleine, dösen faul auf ihrer Sandbank vor sich hin. Das Schiff nähert sich bis auf hundert Meter. So können die Leute an Bord alles gut beobachten, ohne die Tiere zu stören. Während Lisa begeistert viele Fotos schießt, zählt Anton durchs Fernglas genau fünfundzwanzig Seehunde. Ein junger Seehund ist besonders drollig. Er stupst dauernd seine Mutter an und will wohl mit ihr spielen, aber die hat gar keine Lust dazu. Schließlich watschelt er allein in Richtung Wasser. Da kommt seine Mutter hinterher und scheucht ihn zurück auf die Sandbank.

»Warum heißt das Schiff eigentlich M.S. Seemaus?«, möchte Lisa wissen. Der Kapitän lächelt: »M.S. steht für Motorschiff, und den Namen habe ich ausgesucht, weil ich ein Fan dieses Tieres bin.« Er erklärt weiter: »Die Seemaus ist kein niedliches Plüschtier, das am Ufer von Gewässern lebt. Es ist gar keine Maus, sondern ein Wurm, genauer gesagt: ein Schuppenwurm. Doch Schuppen hat die Seemaus auch nicht. Vielmehr ist sie von einem dichten Borstenkleid umgeben, das es in sich hat. Bei Sonneneinfall schillert es in allen Regenbogenfarben, so lockt die Seemaus kleinere Würmer an. Und nicht nur die, seit Neuestem versuchen Wissenschaftler herauszubekommen, wie die Borsten aufgebaut sind. Sie hoffen auf wertvolle Informationen, die sie für den Bau ganz neuer Glasfaserleitungen verwenden können. Im Jahr 2006 war die Seemaus sogar der Wurm des Jahres, wenn das nix ist!«

Seemaus

Seehunde und Robben

»Seehunde können robben, und Robben bellen nicht. See-hunde auch nicht!« Soweit wissen Anton und Lisa Bescheid, aber inwieweit Robben und Seehunde miteinander verwandt sind, das ist ihnen nicht so klar. In einem Buch über Meerestiere finden sie die Antwort.

Als Meeressäuger werden die Wassertiere bezeichnet, bei denen die Jungen im Bauch der Muttertiere heranwachsen und dann geboren werden. Die Babys werden mit Mutter-milch ernährt.

Sie sind in drei Gruppen aufgeteilt: die Wale, die Seekühe und die Robben. Bei denen gibt es wiederum drei Familien: die Walrobben, die Ohrenrobben und die Hundsrobben

An der Nord- und Ostsee sowie im Mittelmeer leben haupt-sächlich Tiere aus der Familie der Hundsrobben.

Seehund

Lisa und Anton wollen die Seehunde genauer kennenler-nen und besuchen die Seehundstation. Außer zwei Tierpfle-gern teilen sich hier noch zwanzig freiwillige Helfer die Arbeit. Außerdem kommt regelmäßig ein Tierarzt vorbei. Alle zusammen kümmern sich um zwanzig bis dreißig junge Seehunde, die von ihren Müttern nicht versorgt wer-den konnten. »Warum lassen denn manche Seehundmüt-ter ihre Jungen allein?«, fragt Lisa.

Seekuh

Die Tierpflegerin erklärt: »Im Juni und im Juli, wenn die See-
hundbabys auf den Sandbänken geboren werden, brauchen sie Ruhe. Doch gerade zu dieser Zeit sind auch viele
Touristen im Wattenmeer unterwegs. Mit Motorbooten
fahren sie viel zu dicht an die Sandbänke heran und stören
die Seehunde. Die Muttertiere geraten in Stress und flüch-
ten ins Wasser, die Kleinen bleiben in Angst und Panik zurück. Weil sie dann laut und erbärmlich heulen, werden sie
Heuler genannt. Bei manchen kommt die Mutter aber zum
Glück nach kurzer Zeit zurück.«

»Was soll man machen, wenn so ein Heuler allein daliegt,
jammert und jault?«, fragt Anton.
»Am besten benachrichtigt ihr sofort die Kurverwaltung
oder die Polizei, die sagen dann bei uns Bescheid. Wenn es
eine Möglichkeit gibt, versuchen wir Mutter und Kind wieder zusammenzubringen. Andernfalls transportieren wir
den Heuler in die Seehundstation. Niemals dürft ihr den
kleinen Seehund streicheln, denn er ist ein Wildtier und
kein Kuscheltier, auch wenn er noch so süß aussieht!«

Nun wollen die Kinder wissen, wie lange die jungen Seehunde in der Station bleiben.
»Wenn sie ein Gewicht von fünfundzwanzig bis dreißig Kilo
haben und in der Lage sind, selbst Fische zu fangen, bringen wir sie mit einem Schiff auf eine Sandbank, damit sie
ein richtiges Seehundleben mit ihren Artgenossen führen
können«, sagt die Tierpflegerin. »Obwohl wir den Abschied
immer ein bisschen bedauern, freuen wir uns alle über
jedes Tier, das durch unsere Arbeit überlebt hat und nun im
weiten Meer in Freiheit leben kann.«

Delfine lächeln gar nicht!

Ein Fischer hat Anton und Lisa erzählt, dass er in letzter Zeit immer mehr Delfine beobachtet. Das Wasser der Nordsee ist wärmer geworden, und es gibt viel Nahrung, das lockt die Tiere an. Sonst leben die Delfine in den warmen Gebieten der Ozeane und im Mittelmeer. In ihrem letzten Italienurlaub durften Anton und Lisa bei einer Beobachtungstour mitfahren, einem »Delfinwatching«. Ein Schiff brachte sie zwanzig Seemeilen (ca. siebenunddreißig Kilometer) vor die Küste. Hier tauchten plötzlich vier Streifendelfine auf und flitzten neben dem Schiff auf der Bugwelle mit. Wie Akrobaten sprangen sie durch die Luft. Das sah sehr elegant und mühelos aus.

Delfine sind keine Fische, sondern gehören zur Familie der Wale und damit zu den Säugetieren. Delfine atmen wie alle Wale durch das Blasloch oben auf ihrem Kopf. Das Erste, was man von ihnen sieht, ist oft die Fontäne, die die Tiere durch das Blasloch ausstoßen. Beim Atmen nehmen sie so viel Sauerstoff auf einmal auf, dass sie nur fünf Atemzüge pro Minute brauchen (wir Menschen brauchen fünfzehn Atemzüge in dieser Zeit).

Die Weibchen bringen ihr Junges mit dem Schwanz voraus zur Welt. Nach der Geburt helfen andere Delfinweibchen der Mutter, das Junge schnell zum Atmen an die Wasseroberfläche zu bringen. Delfine leben in einer Herde, in der sich alle gegenseitig unterstützen.

Delfine können gut und schnell schwimmen. Ihre Körperform ist dafür bestens geeignet und ihre Haut sehr glatt. Wenn sie hoch aus dem Wasser springen, suchen sie gleichzeitig die Wasseroberfläche mit den Augen nach Vögeln ab, denn ein Vogelschwarm zeigt ihnen, wo es gerade viele Fische gibt.
Alle Arten haben ein langes, schnabelförmiges Maul. Die spitz zulaufende Schnauze ist so geformt, dass es aussieht, als ob Delfine ständig lächeln. Aber darüber, ob es ihnen gut oder schlecht geht, sagt das gar nichts.

Schweinswal

Delfine sind sehr lernfähig. Sie werden deshalb in Delfinarien gehalten und zeigen während einer Show Kunststücke. Viele Naturschützer kritisieren dies, weil die Becken zu eng für die Tiere sind. In freier Natur sind Delfine nämlich daran gewöhnt, viele Kilometer weit zu schwimmen.

Viele Menschen legen das freundliche Aussehen und Verhalten der Delfine falsch aus. Wenn sich Delfine zum Beispiel aus dem Wasser strecken und mit offenem Mund schnattern, sieht das nach guter Laune aus. Tatsächlich betteln die Tiere um Futter, das sie sich in Gefangenschaft nicht selbst beschaffen können. Und das ist eher traurig als zum Lachen!

Großer Tümmler

Fische – an das Leben im Wasser angepasst

Heute Morgen stehen Lisa und Anton schon um sechs Uhr früh am Hafen. Die ganze Nacht über waren die Fischer mit ihren Fischkuttern auf dem Meer. Jetzt laden sie ihren Fang ab. Fischhändler, Restaurantbesitzer und Hausfrauen warten darauf, frischen Fisch zu kaufen. Lisa staunt. Wie viele verschiedene Fische es hier gibt!

Es gibt etwa 24 000 verschiedene Fischarten. Alle sind perfekt an das Leben im Wasser angepasst. Durch die Kiemen filtern Fische den im Wasser aufgelösten Sauerstoff und können so atmen.

Ihre Körper sind meist so geformt, dass die Wasserströmung leicht an ihnen entlanggleiten kann. So brauchen sie nur wenig Kraft, um sich fortzubewegen. Zum Schwimmen dient ihnen die senkrechte Schwanzflosse. Mit den Rücken-, Brust- und Bauchflossen können sie bremsen und steuern. Die Körper sind meist mit Schuppen bedeckt; einige haben aber auch eine ledrige oder mit Schleim überzogene Haut. Fische vermehren sich, indem sie in großen Mengen Eier ablegen.

Die meisten Fische gehören zu den Knochenfischen und haben ein Knochenskelett. Mithilfe einer Schwimmblase bewegen sich viele Fische, z. B. Hering und Kabeljau, im Wasser nach oben und unten. Dabei füllen sie die Blase entweder mit Sauerstoff (und steigen auf) oder leeren sie (und sinken hinunter).

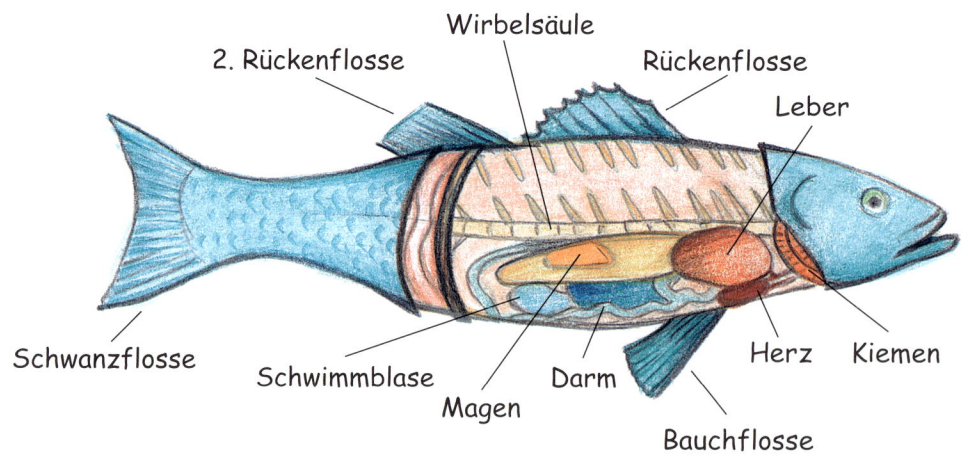

2. Rückenflosse — Wirbelsäule — Rückenflosse — Leber — Schwanzflosse — Schwimmblase — Magen — Darm — Bauchflosse — Herz — Kiemen

Fische haben unterschiedliche Lebensräume. Viele leben in großen Schwärmen dicht unter der Wasseroberfläche, wo viel Plankton schwimmt. Plankton nennt man kleine Lebewesen oder Pflanzenteile, die durch das Wasser treiben. Die Fische filtern sie durch eine Art Sieb in ihrem Maul aus dem Wasser und nutzen sie als Nahrung. Andere Fische fressen Wassertiere oder kleinere Fische und brauchen dazu scharfe Zähne. Sie sind auch in tieferen Gewässern zu finden.

Viele Menschen haben Angst davor, im Meer von einem Hai angegriffen zu werden. Aber die meisten der 200 Haifischarten sind harmlos. In der Nordsee kommen nur der Hundshai und der Katzenhai vor. In der Ostsee gibt es den Heringshai, der allerdings sehr stark vom Aussterben bedroht ist. Diese Haiarten sind nicht gefährlich. Sie ernähren sich von Fischen und Krebsen und haben Angst vor Menschen. Im Mittelmeer tauchen auch größere Haie auf, aber es passiert so gut wie nie, dass sie den Menschen zu nahe kommen.

Dies sind die häufigsten Fische in der Nord- und Ostsee ⬜ und im Mittelmeer 🟦

1 Knurrhahn

2 Flunder

3 Makrele

4 Hering

5 Dorsch (Kabeljau)

6 Tunfisch

7 Schwertfisch

8 Aal

9 Rochen

10 Blauhai

Baden und Spielen am Strand

Gingung

Mal kam der Gingung an das Meer,
der weiße Sand gefiel ihm sehr,
und schon fing er, der kleine Mann,
so Korn um Korn zu zählen an.

Als er bei siebenhundert war,
da rann der Schweiß ihm durch das Haar.
Es weht der Wind, die Möwen schrei'n,
bei tausend schlief der Gingung ein.

Lotte Betke

Kreisverkehr
Spiel für mindestens sechs Mitspieler

Alle Mitspieler stellen sich im Kreis ins Meer, und zwar so, dass ihnen das Wasser bis zur Taille reicht. Sie halten sich an den Händen. Jeder Zweite lässt sich nun rückwärts auf Wasser sinken, bis er auf dem Rücken im Wasser treibt, die Füße sind in der Kreismitte.
Alle, die noch stehen, bewegen sich nun in eine Richtung und drehen damit die Liegenden immer schneller im Kreis. Wenn sich die Kette auflöst, stellen sich alle neu auf – mit getauschten Rollen.

Himmel und Erde
Suche dir einen Mitspieler und zwanzig kleine Steine oder Muscheln. Grabe eine kleine Mulde in den Sand. Dort hinein legst du die Steine. Beide Spieler hocken sich vor die Mulde. Der erste nimmt einen Stein und wirft ihn in die Luft. Mit derselben Hand greift er schnell einen zweiten Stein aus der Mulde und legt ihn neben sich. Dann fängt er den ersten Stein wieder auf. Wenn er dies schafft, darf er einen Stein behalten und noch einmal sein Glück versuchen. Gelingt es nicht, kommen beide Steine zurück in die Mulde, und der zweite Spieler ist dran. Wenn nur noch ein Stein in der Mulde liegt, ist das Spiel aus. Gewonnen hat natürlich der mit den meisten Steinen.

Kleine Mühle im Sand

Dies ist ein Spiel für zwei. Male in den Sand dieses Spielfeld:

Einer bekommt drei helle Steine oder Muscheln, der andere dunkle. Abwechselnd werden die Spielsteine in ein Feld gelegt. Dann darf man immer nur um ein Feld nach rechts, links, oben oder unten (aber nicht schräg) ziehen. Wer es zuerst schafft, eine waagerechte, senkrechte oder diagonale Dreierreihe mit seinen Steinen zu bilden, hat gewonnen.

Flatterball

Du brauchst:
* 1 Stofftaschentuch
* 5 bis 6 Meter Schleifenband, etwa 5 Zentimeter breit
* Schnur, Schere, Sand

Lege so viel Sand wie möglich auf das Taschentuch und binde es mit der Schnur ganz fest zu einer Beule. Das Schleifenband teilst du in fünf bis sechs gleich lange Streifen, die du unter die Beule bindest. Nun ist dein Flatterball schon fertig. Es sieht wunderschön aus, wenn er durch die Luft fliegt. Dies kannst du damit spielen:

Zielwerfen

Der Flatterball muss ein Ziel treffen (z. B. leere Flaschen, die in den Sandboden gesteckt werden) oder durch einen Reifen, in einen Korb oder über ein Hindernis hinüberfliegen (z. B. über ein Volleyballnetz).

Paarwerfen

Zwei Mitspieler stehen sich gegenüber und werfen sich den Ball zu.

Weitwerfen

Wer den Flatterball am Strand am weitesten werfen kann (mit Schritten abmessen), hat gewonnen.

Es macht riesig Spaß im Meer zu baden, zu plantschen und zu schwimmen. Doch das Meer birgt auch Gefahren, zum Beispiel gefährliche Strömungen, die man vom Strand aus nicht sehen kann. Darum immer diese **Baderegeln** beachten!

⭐ Gehe nur dann ins Wasser, wenn Badezeit ist.
⭐ Nur in Begleitung eines Erwachsenen im Meer schwimmen!
⭐ Schwimme nicht weit hinaus.
⭐ Halte dich von Buhnen und Stegen fern.
⭐ Rufe niemals aus Spaß um Hilfe!
⭐ Immer vorwärts ins Wasser gehen, damit du siehst, was auf dich zukommt.

Ein Buddelschiff

In der Vitrine der »Seekiste«, einem Laden mit Dingen rund um Seefahrt und Meer, entdecken Anton und Lisa ein altes Buddelschiff. »Ob wir so eines wohl auch bauen können?«, fragen sie sich und beginnen zu überlegen ...

Hier erfährst du, wie Anton und Lisa ihr Buddelschiff gebaut haben:

Du brauchst:
- ✮ eine durchsichtige bauchige Flasche mit weiter Öffnung
- ✮ blaue Knete
- ✮ weiße Farbe
- ✮ ein Stück Holz
- ✮ einen Stoffrest
- ✮ Zahnstocher
- ✮ Werkzeuge: einen großer Nagel mit flachem Kopf, lange Wattestäbchen, Schnitzmesser, Pinzette, Stifte, Kleber, Pinsel

Forme aus der blauen Knete eine Wurst und stecke sie durch den Flaschenhals. Mit dem Nagel wird die Knete auf der Flaschenseite festgedrückt. Durch das Hin- und Herschieben mit dem Nagelkopf entstehen in der Knetmasse die Wellen. Ein wenig weiße Farbe auf den Pinsel und damit die Wellen betupft: Schon haben sie kleine Schaumkronen.

Schnitze aus dem Holz einen Schiffsrumpf. Achte darauf, dass er noch durch den Flaschenhals passt. Male ihn schön an. Wenn du willst, kannst du noch eine Kajüte aufkleben. Vergiss nicht, ein Loch zu bohren, in das später der Mast eingeklebt werden kann. Kürze einen Zahnstocher auf die richtige Länge für den Mast (nicht zu hoch für das Flascheninnere).

Schneide aus Papier oder Stoff ein Segel zurecht.

Schiebe den Schiffsrumpf durch den Flaschenhals. Bugsiere ihn in die richtige Lage und drücke ihn fest in die Knetmasse.

Gib einen Klecks schnell trocknenden Kleber an das Mastende.

Mit der Pinzette schiebst du den Mast vorsichtig durch die Flaschenöffnung, um ihn in der vorgebohrten Stelle am Schiffsrumpf festzukleben.

Danach wird das Segel mit ganz viel Feingefühl an dem Mast angeklebt.

Nun ist dein Buddelschiff fertig. Du kannst es auch verschließen.

Im Meer versunken

In vielen Sagen wird über versunkene Städte berichtet, die früher unglaublich schön gewesen sein sollen: Die Häuser hatten mit Gold gedeckte Dächer und silberne Haustüren, die Straßen waren mit glitzernden Steinen belegt. Die Menschen besaßen alles, was sie brauchten und sich wünschten, im Überfluss. Die Kinder spielten Murmeln mit echten Perlen und warfen sich goldene Bälle zu. Wenn sie Lust hatten zu naschen, bedienten sie sich an einem der Schokoladenbrunnen, und abends, wenn sie müde waren oder einfach zu faul zum Laufen, brauchten sie nur eine Melodie zu pfeifen, und es kamen kleine Esel angetrottet, die sie nach Hause trugen. Die Mütter badeten ihre Kleinen mit Rosenwasser, sodass der Duft von Rosen durch die Straßen zog. Morgens brachten die Esel die Jungen und Mädchen zur Schule. Bei den Bonbonbäumen stopften sie sich die Taschen voll. Doch irgendwann geschah etwas, niemand weiß was, und diese ganze Pracht versank mit allem in den tiefsten Tiefen des Meeres.

Bis heute gibt es Forscher, die nach den Überresten solcher sagenhafter Städte suchen. Eine davon soll Atlantis gewesen sein. Sie wird im Atlantik oder im Mittelmeer vermutet. In der Nordsee soll das versunkene Rungholt liegen. Der zauberhafte Ort, der auf dem Boden der Ostsee sein soll, trägt den Namen Vineta.

Vineta

Aus des Meeres tiefem, tiefem Grunde
Klingen Abendglocken dumpf und matt,
Uns zu geben wunderbare Kunde
Von der schönen, alten Wunderstadt.

Eine schöne Welt ist da versunken
Ihre Trümmer blieben unten stehen
Lassen sich als goldene Himmelsfunken
Oft im Spiegel meiner Träume sehen.

Wilhelm Müller

Wo nun die Stadt Vineta gelegen haben könnte, darüber
gehen die Meinungen auseinander. Einige vertreten die
Ansicht, Vineta habe sich in der Nähe der Insel Rügen be-
funden, andere vermuten die versunkene Stadt vor der
Halbinsel Usedom. In jedem Sommer finden im Ostseebad
Zinnowitz die Vineta-Festspiele statt, die für viele Touristen
eine Attraktion sind.

Vielleicht ist es gar nicht so wichtig, ob es Vineta, Atlantis
und die anderen im Meer versunkenen, sagenhaften Städte
tatsächlich gegeben hat und wo sie sich eventuell befun-
den haben. Im Traum kann sie jeder besuchen, heute wie
vor hundert und vor tausend Jahren.
Im Traum gibt es sie alle in ihrer ganzen Pracht, für dich
und für alle.

Die Meere brauchen Schutz

Der Schatz der Schätze ist das Meer! Damit sind selbstverständlich nicht die mit Gold gefüllten Schatzkisten versunkener Schiffe gemeint. Nein, es ist das Wasser der Meere mit allem, was darin wächst, schwimmt, schwebt und lebt.

Es ist schwer vorstellbar, dass die scheinbar unendlichen Wassermassen durch uns Menschen verschmutzt werden könnten. Und doch ist es leider so. Über viele Jahre wurden riesige Mengen an giftigen Stoffen in die Ozeane gekippt, ohne die Folgen zu bedenken. Fische und andere Lebewesen des Meeres lagern die Giftstoffe in ihrem Körper an und werden dadurch krank oder sterben. Vor ein paar Jahren kamen viele Seehunde in der Nordsee um, weil sie durch Umweltgifte so geschwächt waren, dass ihr Körper sich nicht gegen eine sonst harmlose Krankheit wehren konnte.

Eine große Gefahr geht von den vielen Öltankern aus. Wenn so ein Schiff verunglückt, läuft tonnenweise Rohöl ins Meer. Es kommt zu einer Ölpest. Große Flächen an der Küste werden mit einer Schicht aus zähem, schwarzem, stinkendem und giftigem Öl überzogen. Hunderttausende von Seevögeln sterben qualvoll in der schwarzen Brühe. Die Fische und die anderen Meeresbewohner leiden ebenfalls. Es dauert Jahre, bis diese Schäden behoben sind und die Tiere und Pflanzen sich erholt haben.

Die moderne Fischerei, die sogenannte Industriefischerei, setzt immer größere Fangschiffe ein. Kilometerlange Schleppnetze werden über den Meeresboden geschleift, um alles, was sich im Wasser befindet, einzusammeln. Außer den gewünschten Fischen für den Verkauf werden auch Delfine oder viel zu kleine Fische mitgefangen, die noch lange wachsen müssten. Bei manchen Fischarten, wie z. B. dem Kabeljau, gibt es inzwischen kaum noch erwachsene Tiere. Das bedeutet, dass es keinen oder viel zu wenig Nachwuchs gibt. Auch die Muschelbänke werden so zerstört.

Die Umweltschutzorganisationen fordern schon seit Jahren die Einrichtung von Meeresschutzgebieten. Inzwischen wurden von den Regierungen einiger Länder solche Schutzzonen eingerichtet, z. B. im Wattenmeer der Nordsee.

Amerikanische Forscher haben herausgefunden, dass sich die Meereslebewesen in den Schutzzonen erfreulich schnell erholen. In den »No-Take-Gebieten« darf man also »nix nehmen«, und dort wurden schon nach wenigen Jahren viel größere Fische und mehr Arten gesichtet.

Weblinks

Stichwortverzeichnis

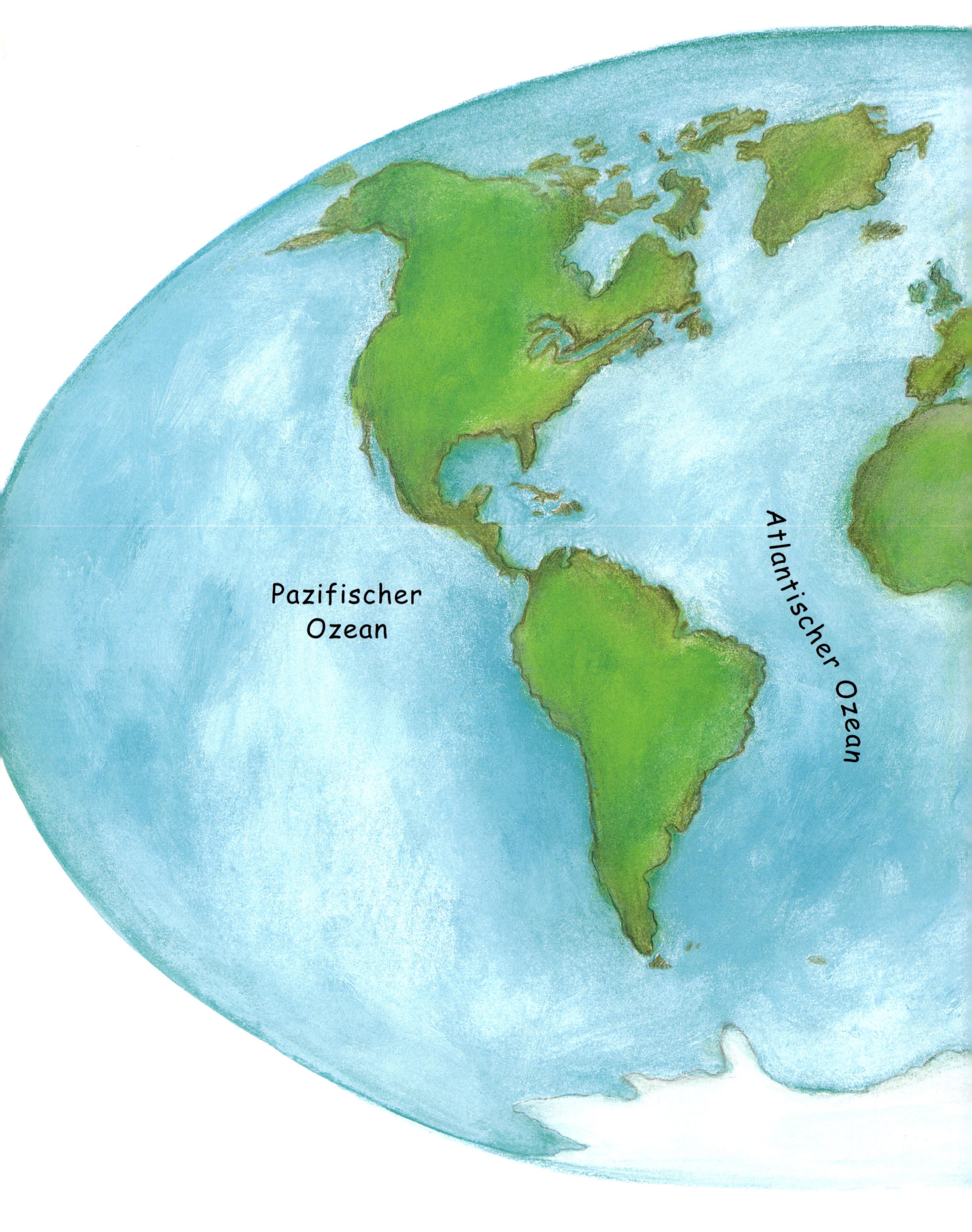

Pazifischer
Ozean

Atlantischer Ozean